半小时读懂
中国古代科学名著

斯塔熊 著/绘

徐霞客游记

U0314622

化学工业出版社

·北京·

图书在版编目（CIP）数据

徐霞客游记 / 斯塔熊著、绘. -- 北京 ： 化学工业
出版社，2025. 4. --（半小时读懂中国古代科学名著）.
ISBN 978-7-122-47294-6

Ⅰ．K928.9

中国国家版本馆CIP数据核字第2025LJ0885号

责任编辑：龙　婧　　　　　　　　　　　　责任校对：宋　夏

出版发行：化学工业出版社（北京市东城区青年湖南街13号　邮政编码100011）

印　　装：中煤（北京）印务有限公司

710mm×1000mm　1/16　印张5¾　字数80千字　2025年5月北京第1版第1次印刷

购书咨询：010-64518888　　　　　　　售后服务：010-64518899

网　　址：http://www.cip.com.cn

写给小读者的话

亲爱的小读者，你一定知道中华民族有着光辉灿烂的科技。在相当长的历史时期内，中国古代科技都处于世界领先水平——

《梦溪笔谈》的内容涉及天文、数学、物理、化学、生物、地理、气象、地质医学、文学、史学、考古、音乐等方面，被誉为"中国科技史上的坐标"。

《天工开物》被称为"中国17世纪生产工艺百科全书"，不但翔实地记述了明代居于世界先进水平的科技成就，而且大力弘扬了"天人合一"思想和能工巧匠精神。

《水经注》对江河湖泊、名岳峻峰、亭台楼阁、祠庙碑刻、道观精舍、方言异语、得名之由等都有详细记载，涉及地理学、地名学等诸多学科，是一部百科全书式的典籍。

《九章算术》是中国现存的一部最古老的数学书，它不但开拓了中国数学的发展道路，在世界数学发展史上也占有极其重要的地位。

《徐霞客游记》涉及广阔的科学领域，丰富的科学内容，具有多方面的科学价值，在古代的地理著作中几乎无与伦比。

摆在你面前的这套书，精选古文底本，对全书内容进行了生动流畅的翻译。趣味十足的手绘示意图，让你直观感受到原汁原味的古代科技。同时，本书还广泛征引科普资料，设置精彩的链接知识，与原文相得益彰。

现在，
让我们一起步入古代科技的殿堂
去一览辉煌吧！

徐霞客

徐霞客大事记

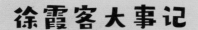

出生　万历十四年十一月二十七日
（1587年1月5日）

万历二十九年（1601年）　　十四岁
参加童子试，没有考中

二十岁　万历三十五年（1607年）
正式开始出游

万历四十一年（1613年）
游普陀山、天台山、雁荡山　二十六岁

二十九岁　万历四十四年（1616年）
游黄山

三十一岁　万历四十六年（1618年）
游庐山

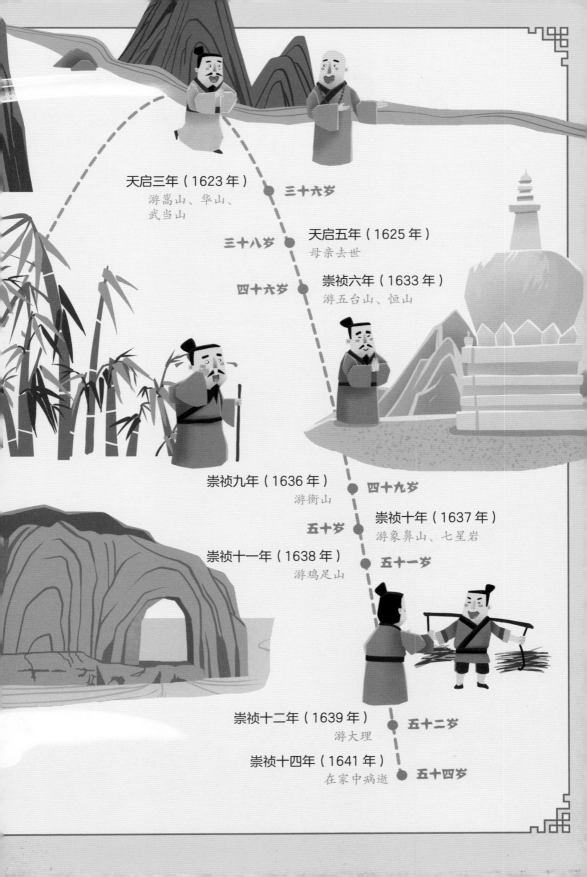

天启三年（1623年）
游嵩山、华山、武当山

三十六岁

三十八岁

天启五年（1625年）
母亲去世

四十六岁

崇祯六年（1633年）
游五台山、恒山

崇祯九年（1636年）
游衡山

四十九岁

五十岁

崇祯十年（1637年）
游象鼻山、七星岩

崇祯十一年（1638年）
游鸡足山

五十一岁

崇祯十二年（1639年）
游大理

五十二岁

崇祯十四年（1641年）
在家中病逝

五十四岁

游天台山日记

天台山位于今浙江省天台县北部，有诸多胜景，其中以石梁飞瀑最为有名。

万历四十一年（1613年），徐霞客来到了浙江。他遍游洛伽山（普陀山）后，又沿海向南而行，在僧人莲舟的陪同下，游览了天台山与雁宕山（雁荡山）。本篇日记详尽地描写了天台胜景，是徐霞客早年地理考察的重要记录。

原文

　　四月初一日　早雨。行十五里，路有岐，马首西向台山，天色渐霁。又十里，抵松门岭，山峻路滑，舍骑步行。自奉化来，虽越岭数重，皆循山麓；至此迂回临陟，俱在山脊。而雨后新霁，泉声山色，往复创变，翠丛中山鹃映发，令人攀历忘苦。

四月初一日 早上下起了雨。前行了十五里，看到一个岔路口，我就骑着马向西边前往天台山。天气慢慢变得晴朗。我又向前走了十里，抵达松门岭。由于山高路滑，我只能放弃骑马，改为步行。从奉化过来这一路，途经多重山岭，一直都沿着山麓走；到这里后，不管怎么蜿蜒曲折或者临水、登高，都是在山脊上走。雨过天晴，山色青翠欲滴，山泉叮咚作响，每一处景色都充满新奇，绿树丛中的红杜鹃花交相辉映，它们的美让我忘记了攀登跋涉之苦。

原文

又十五里，饭于筋竹庵。山顶随处种麦。从筋竹岭南行，则向国清大路。适有国清僧云峰同饭，言此抵石梁，山险路长，行李不便，不若以轻装往，而重担向国清相待。余然之，令担夫随云峰往国清，余与莲舟上人就石梁道。行五里，过筋竹岭。岭旁多短松，老干屈曲，根叶苍秀，俱吾阊门盆中物也。又三十余里，抵弥陀庵。上下高岭，深山荒寂，（恐藏虎，故草木俱焚去。）泉轰风动，路绝旅人。庵在万山坳中，路荒且长，适当其半，可饭可宿。

4

又往前走了十五里，我在筋竹庵吃了午饭。山顶到处都种着麦子。从筋竹岭向南走，是通向国清寺的大路。正好国清寺的僧人云峰和我同桌吃饭，他说，走这条路去石梁，山路又险又长，不便携带行李，不如轻装前往，让挑夫挑着行李先去国清寺等候。我听从了他的建议，让挑夫跟着云峰先去国清寺，我则跟莲舟上人一起从石梁道上动身前行。走了五里，才翻过筋竹岭。山岭旁有很多又矮又老的松树，树干弯曲，枝叶却翠绿秀美，就像苏州间门外盆景中栽种的奇异清秀的松树桩。继续向前又走了三十多里路，才到达弥陀庵。我们在高峻的山岭间爬上爬下，深山里荒无人烟，一片寂静（人们担心有猛虎藏在草木丛中伤人，所以把山路上的草木都放火烧光了）。泉水轰鸣，强风扫地，山路上看不到其他旅客。弥陀庵位于万山坳中，这条路荒凉而漫长，它正好位于中途，所以行人可以在这里吃饭或住宿。

5

仍下华顶庵，过池边小桥，越三岭。溪回山合，木石森丽，一转一奇，殊惬所望。二十里，过上方广，至石梁，礼佛昙花亭，不暇细观飞瀑。下至下方广，仰视石梁飞瀑，忽在天际。闻断桥、珠帘尤胜，僧言饭后行犹及往返，遂由仙筏桥向山后。越一岭，沿涧八九里，水瀑从石门泻下，旋转三曲。上层为断桥，两石斜合，水碎迸石间，汇转入潭；中层两石对峙如门，水为门束，势甚怒；下层潭口颇阔，泻处如阈，水从坳中斜下。三级俱高数丈，各极神奇，但循级而下，宛转处为曲所遮，不能一望尽收。又里许，为珠帘水，水倾下处甚平阔，其势散缓，滔滔汩汩。余赤足跳草莽中，揉木缘崖，莲舟不能从。暝色四下，始返。停足仙筏桥，观石梁卧虹，飞瀑喷雪，几不欲卧。

原　文

顺着旧路下到华顶庵，路过池边的小桥，翻过三座山岭。溪水回环，山峦层层，树木茂盛，岩石形状奇丽，每次转弯都能看到一番奇景，极大地满足了我的观赏愿望。走了二十里路，途经上方广，抵达石梁。我在昙花亭礼佛，没有时间去仔细观赏石梁飞瀑的奇观。我向下走到下方广，仰视石梁飞瀑，忽然觉得它好像是从天上落下的一般。听说断桥、珠帘的景色尤为著名，僧人说吃过饭后再去依然来得及往返，于是我从仙筏桥向山后出发。翻过一座山岭，沿着溪涧走了八九里，看到瀑布从石门倾泻而下，转了三个弯。最上面那层是断桥，有两块巨石倾斜相连，溪水从巨石间流出，浪花四溅，汇合后再流到潭里；中间层的两块石头相互对峙如同窄门，溪水被窄门所束缚，因此流势非常湍急；下层潭口很宽，而溪水倾泻的地方就像被门槛阻隔，只能从地势较低的地方倾泻而出。三级瀑布每一级都有数丈之高，每一级的风景都很神奇，不过由于溪流沿着台阶向下流，在转弯的地方被溪湾所遮挡，不能一眼看到全部景色。又走了一里多路，就看到了珠帘水瀑布，水倾泻而下的地方十分开阔，水势也变得缓和，汩汩泉水弥漫潭中。我赤着脚跳进草丛中，攀到树枝上面，顺着山崖前行，莲舟无法跟上。直到夜色慢慢暗下来，我才动身返回。停在仙筏桥上，看到如同彩虹一般的天然石桥，瀑布水花四溅就像在喷雪一般，让我几乎不想去睡觉。

初七日　自坪头潭行曲路中三十余里，渡溪入山。又四五里，山口渐夹，有馆曰桃花坞^{wù}。循深潭而行，潭水澄碧，飞泉自上来注，为鸣玉涧。涧随山转，人随涧行。两旁山皆石骨，攒峦夹翠，涉目成赏，大抵胜在寒、明两岩间。涧穷路绝，一瀑从山坳泻下，势甚纵横。出饭馆中，循坞东南行，越两岭，寻所谓"琼台""双阙^{què}"，竟无知者。去数里，访知在山顶。与云峰循路攀援，始达其巅。下视峭削环转，一如桃源，而翠壁万丈过之。峰头中断，即为双阙；双阙所夹而环者，即为琼台。台三面绝壁，后转即连双阙。余在对阙，日暮不及复登，然胜已一目尽矣。遂下山，从赤城后还国清，凡三十里。

初七日　我从坪头潭出发，走了三十多里弯曲的山路，渡过溪水进入山中。又走了四五里，山口越来越窄，这时看到了一处房舍，叫桃花坞。沿着深潭继续向前走，潭中的水清冽、碧绿，有飞溅的泉水注入潭中，称为鸣玉涧。溪流沿着山流转，我沿着溪流前行。溪流两旁的山都是裸露的岩石，翠绿的树木夹杂在层层叠叠的山峦中，随便一看都是可以观赏的景致。这些景致的美妙之处，大都在寒岩、明岩这两处岩石之间。来到溪流的尽头，发现路也没了，只见一条瀑布从山坳间倾泻而下，甚为壮观。吃过饭后，我从桃花坞出来，沿着山洼往东南方向前行，翻过两座山岭，去寻找所谓的"琼台""双阙"这两处美景，竟然没人知道它们的具体位置。走了几里路，才打听到是在山顶。我跟云峰和尚一起沿着山路爬上去，最终抵达山顶。向下俯视那些陡峭如刀削一样的山岩，与桃源洞周围的景象相同，而长满了翠绿树木的万丈岩壁则超过了桃源洞的险峻。山顶部中间断开，就是人们所说的双阙；双阙正中央有个环形石台，那就是琼台。琼台的三面都是绝壁，后面与双阙相连接。我站在与双阙相对的位置时，天色已暗，来不及登上琼台，不过这里的美景已经尽收眼底。于是，我开始下山，从赤城的后面回到国清寺，一共走了三十里。

游雁宕（荡）山日记

雁宕山，即现在的雁荡山，位于今浙江省温州市境内，分为南、中、北三段。其中北雁宕山的面积最大，风光最佳。徐霞客在日记中所记的便是北雁宕山。

万历四十一年（1613 年），徐霞客首次游览雁宕山，用简练的笔触，全面描写了雁宕山的景观布局，内容丰富而不杂乱，显现出徐霞客高超的写景技巧。

雁荡山

史称中国"东南第一山"，以山水奇秀闻名。

十一日　二十里，登盘山岭。望雁山诸峰，芙蓉插天，片片扑人眉宇。又二十里，饭大荆驿。南涉一溪，见西峰上缀圆石，奴辈指为两头陀，余疑即老僧岩，但不甚肖。五里，过章家楼，始见老僧真面目：袈衣秃顶，宛然兀立，高可百尺。侧又一小童伛偻于后，向为老僧所掩耳。自章楼二里，山半得石梁洞。洞门东向，门口一梁，自顶斜插于地，如飞虹下垂。由梁侧隙中层级而上，高敞空豁。坐顷之，下山。

10

十一日　我往前走了二十里路，登上了盘山岭。远望雁宕山的各个山峰，就像是木芙蓉插进蓝天之中，片片花瓣一般的景色扑进人的眼帘。又向前走了二十里，我在大荆驿吃了饭。向南渡过一条溪水，我看到西面山峰上有一块圆石，随从们认为那是两头陀岩，我则怀疑那是老僧岩，但是看着又不太像。走了五里路，经过章家楼时，我才看清老僧岩的真实面目：像一位秃顶的老僧披着袈裟，形态逼真地站立着，高约百尺。旁边还有个像孩童弯着腰背跟在后面的岩石，不过刚才被老僧遮挡住了。从章家楼走出二里路，我在半山腰处寻到了石梁洞。洞门朝向东面，门口有一座石桥，从洞顶斜插到地上，就像是飞虹下垂一般。从石桥侧面的缝隙中一级一级地爬上去，发现上面又高又宽。我坐下来休息了一会儿，才走下山去。

11

　　由右麓逾谢公岭，渡一涧，循涧西行，即灵峰道也。一转山腋，两壁峭立巨天，危峰乱叠，如削如攒，如骈笋，如挺芝，如笔之卓，如幞^{fú}之欹^{qī}。洞有口如卷幕者，潭有碧如澄靛者。双鸾、五老，接翼联肩。如此里许，抵灵峰寺。循寺侧登灵峰洞。峰中空，特立寺后，侧有隙可入。由隙历磴^{dèng}数十级，直至窝顶，则窅^{yǎo}然平台圆敞，中有罗汉诸像。坐玩至暝色，返寺。

从右侧山麓越过谢公岭，渡过一条溪涧，沿着溪涧岸向西走，就是前往灵峰的路。刚转过一个山峡，我就看到两侧岩壁陡峭直立，插入云霄，险峰层层叠叠，形态各异，有的像刀削般直立，有的像群峰簇拥，有的像并立的竹笋，有的像挺拔的灵芝，有的像笔一样直立，有的像头巾一样倾斜。有的山洞口像卷起的帷帐，有的水潭碧绿得像澄清的蓝靛一样。双鸾峰像羽翼相接的双飞鸾，五老峰像是五位并肩行走的老翁。途经这景致幽奇的一里多路，我抵达了灵峰寺，又沿着寺旁山路登上了灵峰洞。灵峰中部是空的，十分奇特地矗立在灵峰寺后面。它的侧面有缝隙，人可以进入其中。我从缝隙处走了几十级台阶，直抵窝顶上，看到远处的平台是圆形的，十分开阔，其中有十八罗汉的塑像。我坐着观赏景色，直到暮色降临才返回灵峰寺。

13

十二日　饭后，从灵峰右趾觅碧霄洞。返旧路，抵谢公岭下。南过响岩，五里，至净名寺路口。入觅水帘谷，乃两崖相夹，水从崖顶飘下也。出谷五里，至灵岩寺。绝壁四合，摩天劈地，曲折而入，如另辟一寰(huán)界。寺居其中，南向，背为屏霞嶂(zhàng)。嶂顶齐而色紫，高数百丈，阔亦称之。嶂之最南，左为展旗峰，右为天柱峰。嶂之右胁介于天柱者，先为龙鼻水。龙鼻之穴从石罅(xià)直上，似灵峰洞而小。穴内石色俱黄紫，独罅口石纹一缕，青绀(gàn)润泽，颇有鳞爪之状。自顶贯入洞底，垂下一端如鼻，鼻端孔可容指，水自内滴下注石盆。此嶂右第一奇也。

十二日　吃过饭后，我从灵峰右面的山脚去寻访碧霄洞。原路返回，抵达谢公岭下。

从南面途经响岩，走五里路来到了净名寺的路口。我们进去寻访水帘谷，所谓水帘谷，就是在两崖相夹的地方，水自崖顶飘下。出水帘谷五里，来到了灵岩寺。这里四周都是绝壁，由一条弯曲的小路进去，就来到了一个开阔的世界。灵岩寺坐落其间，朝向南面，后面是屏霞嶂。宽和高都有数百丈的屏霞嶂顶部平齐，岩石呈紫色。屏霞嶂的最南端，左为展旗峰，右为天柱峰。在屏霞嶂右侧与天柱峰正中，映入眼帘的是龙鼻水。龙鼻水的岩洞沿着缝隙向上，像灵峰洞，但稍小。洞中的岩石呈黄紫色，只有缝隙口有一缕青红色石纹，十分湿润，像是龙鳞龙爪。从洞顶到洞底，下面的一段像人的鼻子，鼻尖部位的石孔可伸入手指，水就是从那里滴到石盆中的。这就是屏霞嶂右面的第一奇观。

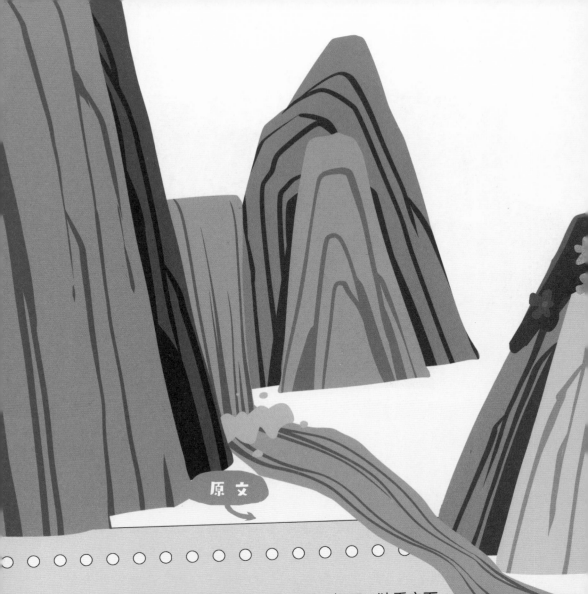

原文

　　西南为独秀峰，小于天柱，而高锐不相下。独秀之下
为卓笔峰，高半独秀，锐亦如之两峰。南坳轰然下泻者，
小龙湫也。隔龙湫与独秀相对者，玉女峰也。顶有春花，
宛然插髻。自此过双鸾，即极于天柱。双鸾止两峰并起，
峰际有"僧拜石"，袈裟伛偻，肖矣。由嶂之左胁，介于
展旗者，先为安禅谷，谷即屏霞之下岩。东南为石屏风，
形如屏霞，高阔各得其半，正插屏霞尽处。

屏霞嶂的西南是独秀峰，比天柱峰稍小，但高度和山峰的尖锐程度却不分伯仲。独秀峰的下面是卓笔峰，高度只有独秀峰的一半，山峰的尖锐程度却和独秀峰、天柱峰相差无几。南面山坳间轰然向下倾泻的，是小龙湫瀑布。隔着小龙湫与独秀峰相对着的，是玉女峰。玉女峰顶上开有春花，如同少女发髻上的装饰。从这里路过双鸾峰，就来到了天柱峰的尽头。双鸾峰只有两座山峰并排耸起，峰际有一块"僧拜石"，看起来像一位身披袈裟、佝偻着身子的老僧。从屏霞嶂向左走，介于展旗峰的中间，最先经过安禅谷，此谷就是屏霞嶂的下岩。再向东南方向，是石屏风，形状很像屏霞嶂，高度和宽度均为其一半，恰巧矗立在屏霞嶂的尽头。

屏风顶有"蟾蜍石",与嶂侧"玉龟"相向。屏风南去，展旗侧褶中，有径直上，磴级尽处，石阈限之。俯阈而窥，下临无地，上嵌嵚崆。外有二圆穴，侧有一长穴，光自穴中射入，别有一境，是为天聪洞，则嶂左第一奇也。锐峰叠嶂，左右环向，奇巧百出，真天下奇观！而小龙湫下流，经天柱、展旗，桥跨其上，山门临之。桥外含珠岩在天柱之麓，顶珠峰在展旗之上。此又灵岩之外观也。

屏风峰的峰顶有一块"蟾蜍石"，正对着屏霞嶂侧面的"玉龟石"。从屏风峰向南走，在展旗峰侧面的褶皱中，有一条通往峰顶的小路，在石阶尽头，有山埂阻隔。在山埂俯身向下看，几乎看不到地面，而举目上望则是镶嵌着洞窟的险峻山峰。展旗峰外有两个圆孔，侧面有一个长孔，光从孔中射进来，另有一番景色，这就是天聪洞，是屏霞嶂左面的第一奇景。尖峰与高山层层叠叠，左右回环相对，奇景层出不穷，真不愧是天下奇观！小龙湫瀑布的水往下流，流经天柱峰、展旗峰，有石桥架在溪流之上，灵岩寺的山门就面向石桥。石桥外，能看到天柱峰麓的含珠岩，顶珠峰则在展旗峰之上。这便是灵岩寺外面的风光。

19

　　十三日　出山门，循麓而右，一路崖壁参差，流霞映彩。高而展者，为板嶂岩。岩下危立而尖夹者，为小剪刀峰。更前，重岩之上，一峰亭亭插天，为观音岩。岩侧则马鞍岭横亘于前。鸟道盘折，逾坳右转，溪流汤 汤，涧底石平如砥。沿涧深入，约去灵岩十余里，过常云峰，则大剪刀峰介立涧旁。剪刀之北，重岩陡起，是名连云峰。从此环绕回合，岩穷矣。龙湫之瀑，轰然下捣潭中，岩势开张峭削，水无所着，腾空飘荡，顿令心目眩怖。潭上有堂，相传为诺讵那观泉之所。堂后层级直上，有亭翼然。

shāngshāng

十三日 走出灵岩寺山门，沿着山麓向右走，路上只见山崖、岩壁参差不齐，流霞和山间的景色相映生辉。高耸而顶部平坦的是板嶂岩。板嶂岩下面耸立的又尖又窄的是小剪刀峰。继续向前走，重重叠叠的山岩上面有一座亭亭玉立的山峰直插入云霄，那就是观音岩。观音岩的侧面是横亘在前的马鞍岭。陡峭的山路蜿蜒、曲折，我穿过山坳向右转，看到一条水势湍急的溪流，山涧底部的石头平整得就像细磨刀石一样。沿着山涧深入，距离灵岩寺十多里的地方，经过常云峰，就看到耸立在涧旁的大剪刀峰了。大剪刀峰北侧，重重岩石陡然耸起，名叫连云峰。从这里，山水环绕，峰回壁合，岩石景观就结束了。大龙湫瀑布的水轰然下落，直冲进水潭中，山岩形态开阔且陡峭，而流水由于没有河床的承载，腾空飘荡下来，竟然让人感到头晕目眩而心生恐惧。水潭上面坐落着一座庙堂，传说是诺讵那罗汉观赏泉水的地方。从庙堂后的石阶上去，有一座建在岩壁上的亭子，犹如鸟儿展开翅膀般凌空而立。

21

面瀑踞坐久之，下饭庵中。雨廉纤不止，然余已神飞雁湖山顶。遂冒雨至常云峰，由峰半道松洞外，攀绝磴三里，趋白云庵。人空庵圮，一道人在草莽中，见客至，望望去。再入一里，有云静庵，乃投宿焉。道人清隐，卧床数十年，尚能与客谈笑。余见四山云雨凄凄，不能不为明晨忧也。

我面对瀑布盘腿久坐之后，才下山回到庵中吃饭。细雨蒙蒙不止，然而我的心神早已飞到雁湖的山顶。于是，我冒雨来到常云峰，从常云峰半山腰的道松洞外，爬了三里多十分陡峭的石阶，到达了白云庵。这里已是人去庵破，有一个和尚在草丛之中，见有客人到访，只看了看就离开了。又走了一里路，来到云静庵，我便在这里投宿。清隐和尚已经久卧病床几十年了，还能与我谈笑。我看到周围山峰上乌云密布，细雨不止，备感寒冷凄凉，不由得为明早的行程感到担忧。

十四日　天忽晴朗，乃强清隐徒为导。清隐谓湖中草满，已成芜田，徒复有他行，但可送至峰顶。余意至顶，湖可坐得。于是人捉一杖，跻攀深草中，一步一喘，数里，始历高巅。四望白云，迷漫一色，平铺峰下。诸峰朵朵，仅露一顶，日光映之，如冰壶瑶界，不辨海陆。然海中玉环一抹，若可俯而拾也。北瞰山坳壁立，内石笋森森，参差不一。三面翠崖环绕，更胜灵岩。但谷幽境绝，惟闻水声潺潺，莫辨何地。望四面峰峦累累，下伏如丘垤，惟东峰昂然独上，最东之常云，犹堪比肩。

十四日 天忽然变晴了，我便强烈请求清隐和尚的弟子做向导。清隐和尚说，雁湖中其实长满了草，如今已成为一片荒地，他的弟子还要去其他地方，只能将我送到峰顶。我想，能到峰顶就能观赏雁湖了。于是，我们每人拄一根拐杖，在深草中攀登，一步一喘地走了几里路，终于抵达峰顶。四面看去，白云弥漫，一直平铺到山峰下面。每座山峰都像云海中的朵朵鲜花，只有峰顶露出云海，阳光洒在峰顶上时的景致就像是装着冰的玉壶，又像洁白的瑶台仙境，让人分辨不出哪里是云海，哪里是山川陆地。而云海中的玉环山如同一抹飘带，似乎弯下腰就能将其拾起。向北遥望，山坳中的岩壁如刀削般高耸，里面的石笋繁密茂盛，参差不齐。

山的三面被长满绿树的山崖环绕，景致比灵岩更美。但是山谷幽深且十分陡峭险绝，只能听到潺潺的流水声，却难以分辨是从哪里传出来的。遥望周围，峰峦叠起，低伏得如小土堆，唯独东边的山峰傲然高耸，只有最东面的常云峰，才能与之相比。

游黄山日记

黄山，相传黄帝曾与仙人一起在此炼丹，因而得名，素有"五岳归来不看山，黄山归来不看岳"的美誉。

万历四十四年（1616年），徐霞客游览黄山时，大雪已封山三月，但他兴致不减，欣然前往，并写下日记，详细记载了沿途的气象变化和山川景物的特点。

黄山

位于安徽省黄山市，以奇松、怪石、云海、温泉、冬雪著称于世。

初六日　天色甚朗。觅导者各携筇（qióng）上山，过慈光寺。从左上，石峰环夹，其中石级为积雪所平，一望如玉。疏木茸茸中，仰见群峰盘结，天都独巍然上挺。数里，级愈峻，雪愈深，其阴处冻雪成冰，坚滑不容着趾。余独前，持杖凿冰，得一孔置前趾，再凿一孔，以移后趾。从行者俱循此法得度。上至平冈，则莲花、云门诸峰，争奇竞秀，若为天都拥卫者。由此而入，绝巘（yǎn）危崖，尽皆怪松悬结。高者不盈丈，低仅数寸，平顶短鬣（liè），盘根虬（qiú）干，愈短愈老，愈小愈奇，不意奇山中又有此奇品也！

初六日　天气晴朗。我找到一位向导，各自拿着竹杖上山，经过了慈光寺。我们从左边向上攀爬，周围石峰环绕，那些石阶被积雪覆盖得很平坦，看上去像白玉一样。稀疏的树枝上挂着茸茸的雪花，仰望黄山的群峰回绕连结，只有天都峰傲然耸立在群山之上。走了几里路，石阶越来越陡，积雪也越来越深，那些背阴处的雪已经冻成了冰，又硬又滑，脚都踩不住。我独自一人走在前面，用竹杖把冰凿破，得到一个孔来放前脚，再凿出一个孔，以便移动后脚。随行的人都用了这个方法，这才通过。向上来到平冈，看到莲花峰、云门峰等诸多山峰争奇竞秀，就像在为天都峰做护卫一般。从这里进去，不管是极其险峻的山峰，还是高峻的石崖，全都长着怪异的悬空盘结的松树。高的不到一丈，矮的只有几寸，平顶的松树松针都很短，盘根错节且枝干弯曲，像龙一般。那些松树，越是短粗的就越老，越是矮小的就越怪。真想不到这座奇山之上，会长着如此奇异的松树品种！

原文

　　下入庵，黄粱已熟。饭后，北向过一岭，踯躅菁莽中，入一庵，曰狮子林，即智空所指宿处。主僧霞光，已待我庵前矣。遂指庵北二峰曰："公可先了此胜。"从之。俯窥其阴，则乱峰列岫，争奇并起。循之西，崖忽中断，架木连之，上有松一株，可攀引而度，所谓接引崖也。度崖，穿石罅而上，乱石危缀间，构木为室，其中亦可置足，然不如踞石下窥更雄胜耳。下崖，循而东，里许，为石笋矼。矼脊斜亘，两夹悬坞中，乱峰森罗，其西一面即接引崖所窥者。矼侧一峰突起，多奇石怪松。登之，俯瞰壑中，正与接引崖对瞰，峰回岫转，顿改前观。

我走下光明顶返回庵中时，黄粱米饭已经熟了。吃过饭后，我向北越过一座山岭，慢慢穿过一片草木繁茂的地方，进入一座庵中，庵名为狮子林，也就是智空和尚指点的可以投宿的地方。狮子林的住持霞光和尚在庵前等我，他指着狮子林北面的两座山峰说："徐公可以先游览这处景观。"我听从他的建议。俯身望去，这两座山峰的北面峰峦众多，山岭重叠，互相争奇。沿两座山峰往西走，山崖突然断开，有木桥将两边连接起来。桥上面有一棵松树，能够攀引着穿过木桥，这就是所谓的接引崖。

过了接引崖，穿过岩石缝隙向上攀爬，乱石间处处都是危险，还有木棚可落脚，但还是坐在岩石上俯瞰山谷，才能看到更加壮丽的景色。走下接引崖，沿着小道向东走了一里多，就来到了石笋矼。石笋矼的山脊倾斜连绵，两边悬崖挂在山坞中，乱峰森罗万象，它的西面一侧就是在接引崖上能够看见的地方。石笋矼侧面有一山峰突起，上面有很多奇石怪松。我登上峰顶，俯瞰山谷，正好与接引崖对视，峰回路转，顿时与前面的景色大为不同。

29

　　十一日　上百步云梯。梯磴插天，足趾及腮，而磴石倾侧崤岈，兀兀欲动，前下时以雪掩其险，至此骨意俱悚。上云梯，即登莲花峰道。又下转，由峰侧而入，即文殊院、莲花洞道也。以雨不止，乃下山，入汤院，复浴。由汤口出，二十里抵芳村，十五里抵东潭，溪涨不能渡而止。黄山之流，如松谷、焦村，俱北出太平；即南流如汤口，亦北转太平入江；惟汤口西有流，至芳村而巨，南趋岩镇，至府西北与绩溪会。

十一日 我登上了百步云梯。这云梯的石阶陡峭得仿佛直插天际。爬石阶时，我的脚趾都快碰到脸了。石阶的石条倾斜着，其间的缝隙很大，有的高高凸起仿佛在动一样。先前下山时，因上面的积雪盖住了这种险情，如今看清了不由得毛骨悚然。走完百步云梯，也就登上了前往莲花峰的山路。继续向下，从莲花峰侧面前行，就是通向文殊院、莲花洞的山路了。因为雨一直不停，我便下山来到温泉院，再次洗浴一番。从汤口出来，走了二十里路到达芳村，又走了十五里到达东潭，因溪水水位上涨无法渡过，只好止步。黄山的这些溪流，如松谷溪、焦村溪，都是向北流入太平县的；就算开始向南流的溪水，如汤口溪，也会北转流入太平县，再进入长江；只有汤口西边的一条溪水，流到芳村时水量变得很大，向南流向岩镇，到徽州府西面再与绩溪汇合。

游庐山日记

庐山位于江西省九江市南郊，主峰汉阳峰海拔 1474 米，多岩石峭壁、奇花异树，山上云雾变幻不定，气候宜人，是著名的风景胜地。

万历四十六年（1618 年），徐霞客来到了九江。他在庐山游览了 5 天，并写下了《游庐山日记》。在有关庐山的文字记载中，徐霞客是唯一通过石门涧后的百丈梯到达大天池的游客。

原文

十九日　出寺，循山麓西南行。五里，越广济桥，始舍官道，沿溪东向行。又二里，溪回山合，雾色霏霏如雨。一人立溪口，问之，由此东上为天池大道，南转登石门，为天池寺之侧径。余稔知石门之奇，路险莫能上，遂请其人为导，约二兄径至天池相待。遂南渡小溪二重，过报国寺，从碧条香蔼中攀陟(zhì)五里，仰见浓雾中双石屼(wù)立，即石门也。一路由石隙而入，复有二石峰对峙。路宛转峰罅，下瞰绝涧诸峰，在铁船峰旁，俱从涧底矗耸直上，离立咫(zhǐ)尺，争雄竞秀，而层烟叠翠，澄映四外。其下喷雪奔雷，腾空震荡，耳目为之狂喜。

十九日　我走出东林寺，沿着山麓向西南方走。走了五里路，跨过广济桥，便离开官道，顺着溪岸向东走。又走了二里路，溪水迂回，山峦渐渐合拢，雾浓如飘细雨。我看到有个人站在溪口边，便上前向他问路，得知从这里往东就是前往天池的大路，向南转登上石门，就是天池寺侧面的小路。我深知石门风景奇异，但道路凶险无法攀登，于是就请他给我做向导。约定与我同行的两位兄长直接去天池等候。然后我们向南渡过两条小溪，经过报国寺，在青绿色的石阶与芬芳的雾气中攀登了五里路，抬头望去，浓雾中有两座山峰相对而立，那就是石门了。一路上从岩石的缝隙中进入，又有两座石峰相对而立。道路在石峰中蜿蜒曲折，向下俯瞰，陡峭的山涧旁群峰耸立，在铁船峰的旁边，全都从山涧底部高耸屹立，直冲云霄，那些并排屹立的山峰相距不过咫尺，争雄竞秀，还有层层云烟在重叠的翠峰之间环绕，澄映于四面山峦的外面。山峰下那汹涌的涧水卷起的浪花，就像喷出的雪，声音如同奔雷一般，腾空起伏，震荡山谷，让我的耳目都因看到如此美景而欣喜不已。

原文

　　二十一日　别灯，从龛后小径直跻汉阳峰。攀茅拉棘，二里，至峰顶。南瞰鄱湖，水天浩荡。东瞻湖口，西盼建昌，诸山历历，无不俯首失恃。惟北面之桃花峰，铮铮比肩，然昂霄逼汉，此其最矣。

十一日　拜别慧灯和尚后，我从小屋后的小道直接攀登汉阳峰。我们拽着茅草和荆棘，向上攀登了二里山路，终于到达汉阳峰顶。从峰顶向南俯瞰鄱阳湖，浩荡的湖水仿佛与天相接。向东眺望湖口，向西遥看建昌，诸多山峰历历在目，所有的山都像失去倚仗一般低头认输。只有北面的桃花峰，是诸山中的铮铮者，可与汉阳峰并肩而立。它昂首耸立直逼云霄，这便是它最美的地方。

游嵩山日记

嵩山，也被称为嵩岳、中岳，以"峻"著称。

天启三年（1623年），徐霞客向北游览嵩山、华山，本篇日记便是在游览嵩山一带风光时所写。徐霞客以浓厚的兴趣参观了岳庙、崇福宫、启母石、少林寺、初祖洞等，全篇记录了众多文物古迹，字里行间无不透露着对嵩山的赞美和惊叹。

原文

登陇，西行十里，为告成镇，古告成县地。测景台在其北。西北行二十五里，为岳庙。入东华门时，日已下舂，余心艳卢岩，即从庙东北循山行。越陂陀数重，十里，转而入山，得卢岩寺。寺外数武，即有流铿然下坠石峡中。两旁峡色，氤氲成霞。溯流造寺后，峡底矗崖，环如半规，上覆下削。飞泉堕空而下，舞绡曳练，霏微散满一谷，可当武彝之水帘。盖此中以得水为奇，而水复得石，石复能助水不尼水，又能令水飞行，则比武彝为尤胜也。徘徊其下，僧梵音以茶点饷。急返岳庙，已昏黑。

登上陇山，往西走十里，就来到了告成镇，也就是古代的告成县城。测景台就在告成镇北。往西北走二十五里，便到达岳庙。我走进庙的东华门时，太阳已经落山，但我一心想去卢岩，就从庙东北沿山而行。越过几重山坡，走了十里，转进山里，到达卢岩寺。寺外几步远就有流水铿然作响，往下坠入石峡里。峡谷两边雾岚云绕，弥漫成霞。我逆着溪流走到寺后，只见峡底有石崖耸立，环成半圆形，上面倾覆，下面凹削。飞泉从空中落下，如同丝绸凌空飘舞，细雨般的水珠洒满山谷，可以和武彝山的水帘洞相媲美。大体说来这里是因为有了水才成其奇景，而水又得岩石映衬，岩石能助水而不阻水，从而使泉水飞流，这就比武彝山更妙了。我在下面徘徊了一阵，随后得到僧人梵音的茶点招待。接着，我就急忙返回岳庙，这时天色已经昏黑了。

二十一日　晨，谒岳帝。出殿，东向太室绝顶。按嵩当天地之中，祀秩为五岳首，故称嵩高。与少室并峙，下多洞窟，故又名太室。两室相望如双眉。然少室嶙峋，而太室雄厉称尊，俨若负扆。自翠微以上，连崖横亘，列者如屏，展者如旗，故更觉岩岩。崇封始自上古，汉武以嵩呼之异，特加祀邑。宋时逼近京畿，典礼大备。至今绝顶犹传铁梁桥、避暑寨之名，当时之盛，固可想见矣。

十一日　清晨，我拜谒了岳帝，然后走出大殿，向东往太室山顶走去。据考证，嵩山位于天地中央，祭祀的顺序为五岳之首，所以称为嵩高。它和少室山并立，山下有很多洞窟，所以又叫太室山。太室、少室相对，好似双眉。但少室山嶙峋，而太室山雄壮称尊，像背靠屏风的王者。从翠色弥漫的山脚而上，连绵的山崖横亘不断，如同屏风排列、大旗伸展，更显此山高峻。尊崇、祭祀嵩山始于上古，汉武帝因为听到随从官员说嵩山对他三呼"万岁"，特地增加祭秩并给予封邑。宋朝时嵩山靠近京畿，祭山的典礼更加完备。至今绝顶上还流传有铁梁桥、避暑寨等名称，当时的盛况可想而知了。

从南寨东北转，下土山，忽见虎迹大如升。草莽中行五六里，得茅庵，击石炊所携米为粥，啜三四碗，饥渴霍然去。倩庵僧为引龙潭道。下一峰，峰脊渐窄，土石间出，棘蔓翳之，悬枝以行，忽石削万丈，势不可度。转而上跻，望峰势蜿蜒处趋下，而石削复如前。往复不啻^{chì}数里，乃迂过一坳，又五里而道出，则龙潭沟也。仰望前迷路处，危崖攲石，俱在万仞峭壁上。流泉喷薄其中，崖石之阴森崭截^{jié}者，俱散成霞绮。峡夹涧转，两崖静室如蜂房燕垒。凡五里，一龙潭沉涵凝碧，深不可规以丈。又经二龙潭，遂出峡，宿少林寺。

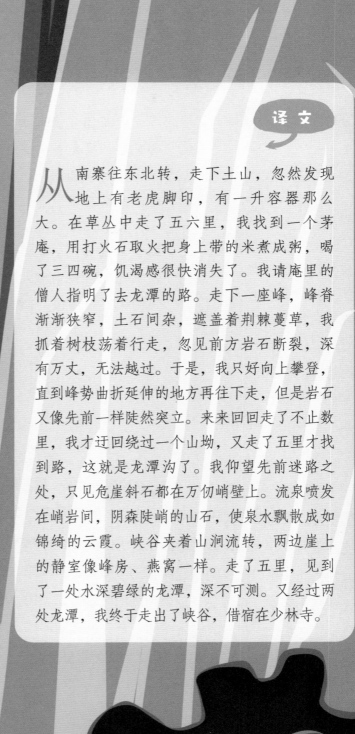

从南寨往东北转，走下土山，忽然发现地上有老虎脚印，有一升容器那么大。在草丛中走了五六里，我找到一个茅庵，用打火石取火把身上带的米煮成粥，喝了三四碗，饥渴感很快消失了。我请庵里的僧人指明了去龙潭的路。走下一座峰，峰脊渐渐狭窄，土石间杂，遮盖着荆棘蔓草，我抓着树枝荡着行走，忽见前方岩石断裂，深有万丈，无法越过。于是，我只好向上攀登，直到峰势曲折延伸的地方再往下走，但是岩石又像先前一样陡然突立。来来回回走了不止数里，我才迂回绕过一个山坳，又走了五里才找到路，这就是龙潭沟了。我仰望先前迷路之处，只见危崖斜石都在万仞峭壁上。流泉喷发在峭岩间，阴森陡峭的山石，使泉水飘散成如锦绮的云霞。峡谷夹着山涧流转，两边崖上的静室像峰房、燕窝一样。走了五里，见到了一处水深碧绿的龙潭，深不可测。又经过两处龙潭，我终于走出了峡谷，借宿在少林寺。

游太华山日记

太华山就是华山，位于陕西省华阴市南部地区，属秦岭东段，北面与渭河平原相邻。华山古称"西岳"，雅称"太华山"，以险绝而闻名天下。

天启三年（1623年），徐霞客游历陕西时，写下本篇日记，记载的内容除了华山，还有在陕西的其他游程。他对自然景观进行了系统的观察与描绘，内容丰富，文字简练而准确。

华山

由一整块花岗岩构成，山体形态如刀削斧劈般，素有"奇险天下第一山"之称。

原文

二月晦　入潼关，三十五里，乃税驾西岳庙。黄河从朔（shuò）漠南下，至潼关，折而东。关正当河、山隘口，北瞰河流，南连华岳，惟此一线为东西大道，以百雉（zhì）锁之。舍此而北，必渡黄河，南必趋武关，而华岳以南，峭壁层崖，无可度者。未入关，百里外即见太华屼出云表；及入关，反为冈陇所蔽。行二十里，忽仰见芙蓉片片，已直造其下。不特三峰秀绝，而东西拥攒诸峰，俱片削层悬。惟北面时有土冈，至此尽脱山骨，竞发为极胜处。

——月底　我进入潼关，走了三十五里，停宿在西岳庙。黄河从北方的荒漠地带向南奔流，来到潼关，又转向东流。潼关位于狭窄险要的黄河、华山口，北面俯瞰黄河水，南面与华山相连，只有潼关这条狭窄的通道是贯穿东西的大路，被高高的城墙封锁着。如果不取道潼关而向北走，就一定要渡过黄河，向南就必须要从武关走，但华山之南，崖壁层叠陡峭，根本没有路可以通过。我还没进入潼关，在百里之外就看到华山突兀高耸；进入潼关后，华山反而被小山冈遮挡了。走了二十里，一抬头突然看到一座座像荷花一般的山峰，原来我已经走到了华山脚下。华山不仅落雁、朝阳、莲花这三座山峰秀美绝伦，就连东西两侧簇拥的山峰，也都像刀削而层层悬垂。只有北面不时出现的土冈，到这里才完全露出岩石，争相展现绝佳的景色。

43

原文

　　初三日　行十五里，入岳庙。西五里，出华阴西门，从小径西南二十里，入泓峪，即华山之西第三峪也。两崖参天而起，夹立甚隘，水奔流其间。循涧南行，倏而东折，倏而西转。盖山壁片削，俱犬牙错入。行从牙罅中，宛转如江行调舱然。二十里，宿于木柸。自岳庙来，四十五里矣。

初三日　我走了十五里路，进入西岳庙。又向西走了五里、出华阴县城西门，沿着小路向西南走了二十里，进入泓峪，也就是华山西面的第三座山谷。山谷两边的悬崖参天而起，夹谷而立，十分狭窄，有溪水在山谷中奔流。顺着山涧向南走，一会儿转向东，一会儿又转向西。岩壁就像被刀削过一样陡峭矗立，相互交错着。在石片的缝隙之中有道路可以穿过。转来转去，就像在一条曲折的江上行船，要不断调整方向。我走了二十里路，最后在木杈住下。从西岳庙出来，已经走了四十五里路。

初九日　行四十里，过龙关。五十里，北一溪来注，则武关之流也。其地北去武关四十里，盖商州南境矣。时浮云已尽，丽日乘空，山岚重叠竞秀。怒流送舟，两岸秾桃艳李，泛光欲舞，出坐船头，不觉欲仙也。又八十里，日才下午，榜人以所带盐化迁柴竹，屡止不进。夜宿于山涯之下。

初九日　我坐船航行四十里，过了龙关。前行五十里，北面有一处溪水从侧面注入，那便是武关河。此地向北距离武关还有四十里，那是商州南面的边境。这时浮云散尽，阳光明媚，山峦重叠，争相秀美。奔腾的流水推动着船只，两岸的桃花、李花颜色艳丽，像是在阳光中翩翩起舞。我走出船舱到船头坐下，不禁有一种飘飘欲仙的感觉。又走了八十里才到下午，摇船的人用带的盐跟别人交换柴与竹子，多次停船不走。当晚，我就住在山崖之下的水边。

游五台山日记

五台山位于今山西省忻州市，因为有五个高峰，且峰顶平坦宽阔如台，所以叫五台山。佛教徒把它附会为文殊菩萨的道场，和附会为观世音菩萨道场的浙江普陀山、地藏菩萨道场的安徽九华山、普贤菩萨道场的四川峨眉山合称佛教四大名山。

崇祯六年（1633年），徐霞客用四天时间，遍游南、西、中、北四台，详细记录了山川大势、气候、特产等，为我们留下了宝贵的地理资料。

清凉山

五台山最高处北台顶海拔3061.1米，有"华北屋脊"之称。因山中气候寒冷，台顶终年有冰，盛夏天气凉爽，所以又被称为清凉山。

原文

初六日　风怒起，滴水皆冰。风止日出，如火珠涌吐翠叶中。循山半西南行，四里，逾岭，始望南台在前。再上为灯寺，由此路渐峻。十里，登南台绝顶，有文殊舍利塔。北面诸台环列，惟东南、西南少有隙地。正南，古南台在其下，远则盂县诸山屏峙，而东与龙泉峥嵘接势。从台右道而下，途甚夷，可骑。

48

初六日 狂风大作，滴水成冰。风停日出，太阳像个火球一样从青翠的树叶中涌出来。我沿着山腰往西南走了四里，翻过了一座山岭，才看到南台就在前面。继续往上走就到了灯寺，从这里开始，山路变得越来越陡峭。走了十里，登上了南台最高处，顶上有文殊菩萨的舍利塔。北面，其他各台环抱耸列，只有东南、西南稍微有空隙。正南面，古南台位于下面，远处是盂县的群山，如屏风一样矗立着，并且东端还和龙泉关高峻的峰峦山势相连。接着，我顺着南台右侧下山，路很平坦，可以骑马。

　　循西岭西北行十五里，为金阁岭。又循山左西北下，五里，抵清凉石。寺宇幽丽，高下如图画。有石为芝形，纵横各九步，上可立四百人，面平而下锐，属于下石者无几。从西北历栈拾级而上，十二里，抵马跑泉。泉在路隅山窝间，石隙仅容半蹄，水从中溢出，窝亦平敞可寺，而马跑寺反在泉侧一里外。又平下八里，宿于狮子窠^{kē}。

沿着西岭往西北走十五里，便是金阁岭。又沿着金阁岭左侧往西北下，走五里，来到清凉寺。清凉寺庙宇深幽，环境秀丽，高低错落，美如图画。我看到一块灵芝形的石头，长宽各有九步，上面可以站四百个人。它上面平整但下面收缩，和下面石头相连的部分不多。我从西北边穿越栈道沿着石阶往上，走了十二里，到达马跑泉。马跑泉在路边的山窝中，石缝只能容下半只马蹄，泉水就从这石缝中溢出，山窝平坦宽敞，可以建寺庙，但马跑寺却建在泉旁边一里之外。接着，我又平缓地往下走了八里路，到狮子窠住宿。

　　初八日　老僧石堂送余，历指诸山曰："北台之下，东台西，中台中，南台北，有坞曰台湾，此诸台环列之概也。其正东稍北，有浮青特锐者，恒山也。正西稍南，有连岚一抹者，雁门也。直南诸山，南台之外，惟龙泉为独雄。直北俯内外二边，诸山如蓓蕾，惟兹山之北护，峭削层叠，嵯峨之势，独露一斑。此北台历览之概也。此去东台四十里，华岩岭在其中。若探北岳，不若竟由岭北下，可省四十里登降。"余颔之。

初八日 老僧人石堂送我出来，他指着群山说："北台下面，东台西面，中台正中，南台北面，有个山坞名叫台湾，这是众台环绕的概貌。这里正东稍北，有一座特别尖锐的青山，那便是恒山。正西稍南，有一些和云雾相连的山峰，那便是雁门关一带的山。一直向南延伸的群山，除了南台之外，只有龙泉关独自称雄。径直往北俯视，群山都如同花蕾一般，只有北台从北面护着群山，陡峭层叠，高峻的山势，由此可以独见一斑。这是总体观看北台的概貌。这里离东台有四十里，华岩岭便在途中。如果想去探访北岳恒山，不如直接沿华岩岭往北下，这样可以省去上下四十里的路程。"我点头同意。

译文

53

原文

　　别而东，直下者八里，平下者十二里，抵华岩岭。由北坞下十里，始夷。一涧自北，一涧自西，两涧合而群峰凑，深壑中"一壶天"也。循涧东北行二十里，曰野子场。南自白头庵至此，数十里内生天花菜，出此则绝种矣。由此，两崖屏列鼎峙，雄峭万状，如是者十里。石崖悬绝中，层阁杰起，则悬空寺也，石壁尤奇。此为北台外护山，不从此出，几不得台山神理云。

和老僧人石堂告别后，我往东陡直地向下走了八里路，又平缓地向下走了十二里岭。从北坞往下走十里，才到平路。一条溪涧从北伸来，另一条溪涧从西伸来，两条溪涧到此汇合在一起，群峰凑集，成为高山深壑中的"一壶天"名胜。沿涧沟往东北走二十里，便来到了野子场。从南边的白头庵一直到这里，数十里内都长着天花菜，出了这里就绝种了。从这里开始，两边的山崖屏障般排列，鼎足般耸立，雄壮、峻峭，千姿百态，我就是在这样的景观中走了十里。突然看到绝壁上，有层层楼阁突起，那是悬空寺，石壁特别奇异。这是北台外围的护山，如果不从这里出去，就见识不到五台山的神奇！

游恒山日记

恒山在山西浑源县东南，明朝时被列为"五岳"之一，始称"北岳恒山"。《游恒山日记》是徐霞客在崇祯六年（1633 年）游览恒山时所写。在文中，他详细记录了自己游恒山登顶的经过，表现了不畏艰险、勇于实践的精神，以及对祖国大好河山的赞美之情。

十一日　风翳净尽，澄碧如洗。策杖登岳，面东而上，土冈浅阜，无攀跻劳。盖山自龙泉来，凡三重。惟龙泉一重峭削在内，而关以外反土脊平旷；五台一重虽崇峻，而骨石耸拔，俱在东底山一带出峪之处；其第三重自峡口入山而北，西极龙山之顶，东至恒岳之阳，亦皆藏锋敛锷，一临北面，则峰峰陡削，悉现岩岩本色。

十一日　风吹过后，云雾散尽，天空一碧如洗。我拄着手杖攀登北岳，朝东往上走，这里土冈低缓，攀登起来也不累。大体上山脉是从龙泉关延伸过来的，一共有三重。只有龙泉关这一重山势陡峭尖削，而关外反而是平坦宽阔的泥土山脊；五台山这一重虽然高峻，但矗立挺拔的岩石主要集中在东底山一带的山谷出口处；第三重顺着峡谷口延伸到山中，然后往北去，西边到龙山顶为尽头，东边到恒山之南，也都像不露锋刃的刀剑一样收敛，但一到北面，就峰峰陡峭，全部显露出高峻的本色。

原文

　　一里转北，山皆煤炭，不深凿即可得。又一里，则土石皆赤，有虬松离立道旁，亭曰望仙。又三里，则崖石渐起，松影筛阴，是名虎风口。于是石路萦回，始循崖乘峭而上。三里，有杰坊曰"朔方第一山"，内则官廨厨井俱备。坊右东向拾级上，崖半为寝宫，宫北为飞石窟，相传真定府恒山从此飞去。再上，则北岳殿也。上负绝壁，下临官廨，殿下云级插天，虎门上下，

wǔ

qióng
穹碑森立。

走了一里路后往北转，我看到山中到处都是煤炭，不用深挖就可以采到。又走了一里，土石变成了赤色，有盘曲得像龙一样的松树立在路旁，还有个望仙亭。又走了三里，只见崖石渐渐突起，松影如同从筛孔中透下来一样，这里叫虎风口。从这里开始，石路曲折盘旋，我开始沿着山崖迎着峭壁而上。走了三里，就看到一块特大的牌坊，坊上题名"朔方第一山"，坊内的官署里有厨房、水井。坊右往东顺着台阶上去，山崖半腰有寝宫，寝宫的北面是飞石窟，相传真定府的恒山就是从这里飞过去的。再上去，就是北岳殿。此殿上靠绝壁，下临官署，殿前的石阶直通云天，正殿两侧的房门上下，有高大的石碑林立。

天峰岭

恒山绝顶名叫天峰岭，海拔 2016.1 米。从北岳庙登顶有两条路，徐霞客选择了陡直而危险的一条。

从殿右上，有石窟倚而室之，曰会仙台。台中像群仙，环列无隙。余时欲跻危崖，登绝顶。还过岳殿东，望两崖断处，中垂草莽者千尺。为登顶间道，遂解衣攀蹑而登。二里，出危崖上，仰眺绝顶，犹杰然天半，而满山短树蒙密，槎桠枯竹，但能钩衣刺领，攀践辄断折，用力虽勤，若堕洪涛，汩汩不能出。余益鼓勇上，久之棘尽，始登其顶。时日色澄丽，俯瞰山北，崩崖乱坠，杂树密翳。是山土山无树，石山则有；北向俱石，故树皆在北。浑源州城一方，即在山麓，北瞰隔山一重，苍茫无际；南惟龙泉，西惟五台，青青与此作伍；近则龙山西亘，支峰东连，若比肩连袂，下扼沙漠者。

从北岳殿的右侧上去，靠着大殿的石窟被建成房屋，叫会仙台。台中有群仙塑像，把石屋环列得没有一点空隙。我这时打算上陡崖，登绝顶。返回来经过北岳殿东，远看两座山崖的断裂处，中间部分下垂千尺，杂草丛生。这是登绝顶的小路，我便脱掉外衣，攀扯着杂草往上登。走了二里，我来到了陡崖上面，抬头仰望绝顶，还高高地耸立在半空中，而满山矮树稠密，伸出的枯枝还会钩住衣服、刺破脖颈，一攀扯踩踏就断了。我虽然辛勤地努力攀登，却像掉进了汹涌的波涛中一样，只听到汩汩水声而不能越出去。我越发鼓起勇气向上爬，很久才走完这荆棘地带，登上了北岳绝顶。这时阳光明媚，俯瞰恒山北边，崩塌的崖壁任意向下坠陷，杂草树丛稠密地覆盖着。这里的山是土山，却没有树，石山上却有树；北边都是石山，所以树都长在北边。浑源州城一带就在山麓，往北看下去隔着一重山，苍茫而没有边际；南边是龙泉关，西边是五台山，一片青翠的山峰与恒山相伴；近处是往西横贯的龙山，龙山的支脉向东延伸去，和东边的山峰肩并肩、手挽手地紧密相连，挡住了下面的沙漠。

61

　　既而下西峰，寻前入峡危崖，俯瞰茫茫，不敢下。忽回首东顾，有一人飘摇于上，因复上其处问之，指东南松柏间。望而趋，乃上时寝宫后危崖顶。未几，果得径，南经松柏林。先从顶上望，松柏葱青，如蒜叶草茎，至此则合抱参天，虎风口之松柏，不啻百倍之也。从崖隙直下，恰在寝宫之右，即飞石窟也，视余前上隘，中止隔崖一片耳。下山五里，由悬空寺危崖出。又十五里，至浑源州西关外。

不久，我从西边的山峰下去，找寻先前进入峡谷时的陡崖，可是往下看却只见茫茫一片，不敢下去。忽然，我回头向东看，看到一个人轻快地走在上面，于是我又上去向他问路，他便指向东南方的松柏间。我朝着松柏跑过去，那是上来时寝宫背后的陡崖顶。没过多久，我果然找到了一条小路，往南穿过了松柏林。先前我在绝顶上眺望，只见松柏青翠，像蒜叶草茎一样细小，到这里才知那是两人合抱粗的参天大树，和虎风口的松柏相比，不止大了百倍呢！顺着崖缝下去，恰好在寝宫右侧，就是飞石窟。仔细看我先前所登的狭窄险要之处，中间只隔着一片崖石。下山走了五里，从悬空寺的陡崖出山。又走了十五里，才来到浑源州的西关外。

63

游衡山日记

崇祯九年（1636 年），徐霞客感到自己老病将至，计划已久的西游计划再也不能耽误，于是踏上旅途，开始了人生中最后一次也是最壮烈的一次旅程。在此期间，他游览了南岳衡山。

已经年过五旬的徐霞客，即使天气捉摸不定，仍然"力疾登山"，正是这坚强的意志力，使他完成了常人不可想象的壮举。

二十二日　力疾登山。由岳庙西度将军桥，岳庙东西皆涧。北入山一里，为紫云洞，亦无洞，山前一冈当户环成耳。由此上岭一里，大石后度一脊，里许，路南有铁佛寺。寺后跻级一里，路两旁俱细竹蒙茸。上岭，得丹霞寺。复从寺侧北上，由络丝潭北下一岭，又循络丝上流之涧一里，为宝善堂。其处涧从东西两壑来，堂前有大石如劈，西涧环石下，出玉板桥，与东涧合而南。宝善界两涧中，去岳庙已五里。堂后复蹑蹬一里，又循西涧岭东平行二里，为半云庵。庵后渡涧西，蹑级直上二里，上一峰，为茶庵。

十二日　我不顾身体不适奋力急速地朝着山上攀登。从南岳庙往西跨过将军桥，南岳庙的东西两面都是山涧。往北入山一里，是紫云洞，其实并没有洞，只不过是山前的一条山冈环绕在山口处围成的一个山坞罢了。由此处上岭一里，从大石后越过一条山脊，走了一里多，路南有个铁佛寺。从寺后走一里石阶，路两边都是蓬松、杂乱的细竹。上了岭，有个丹霞寺。从寺旁往北上去，经过络丝潭北边的一道山岭，又顺着络丝潭上游的山涧走一里路，就来到了宝善堂。那里有两条山涧水从东西山谷中流来，堂前有块大石头如同刀劈一般，西边那条山涧水环绕在石头下边，流出玉板桥，与东边那条山涧水汇合后向南流去。宝善堂隔在两条山涧水中间，距离南岳庙已有五里。从堂后面又走一里，顺着西涧来到岭东，平行走了两里，到达半云庵。从庵后渡到涧西，踏着石阶往上走两里，攀上一座山峰，便来到了茶庵。

　　又直上三里，逾一峰，得半山庵，路甚峻。由半山庵丹霞侧北上，竹树交映，青翠滴衣。竹中闻泉声淙淙。自半云逾涧，全不与水遇，以为山高无水，至是闻之殊快。时欲登顶，过诸寺俱不入。由丹霞上三里，为湘南寺，又二里，南天门。平行东向二里，分路。南一里，飞来船、讲经台。转至旧路，又东下半里，北度脊，西北上三里，上封寺。上封东有虎跑泉，西有卓锡泉。

又直着往上走三里，越过一座山峰，到达半山庵，道路十分陡峻。从半山庵、丹霞寺的侧面往北朝上走，竹子、树木交相辉映，青翠的颜色仿佛要滴到衣服上。走在竹林中，只听见泉声淙淙。从半云庵越过山涧后，从未与水流相遇，以为山太高没有水了，到此听到水声感到特别愉快。当时一心想要登上山顶，经过其他寺庙时都没有进去。从丹霞寺往上走三里，是湘南寺，又走两里，到南天门。向东平走两里，有一条路岔开。往南走一里，到了飞来船和讲经台。转回到原路，又向东朝下走半里，往北越过山脊，再往西北朝上走三里，到达上封寺。上封寺东面有虎跑泉，西面有卓锡泉。

二十六日　至观音崖，再上祝融会仙桥，由不语崖西下八里，路分南北。北二里，九龙坪，仍转路口。南一里，茅坪。东南由山半行四里，渡乱涧，至大坪分路。东南上南天门道。予乃从西南小路直上四里，为老龙池，在岭坳，岭外多净室。西南至侧刀之西、雷祖之东。东二里，上侧刀峰。平行顶上二里，下山顶，度脊甚狭。行赤帝峰北一里，绕龙池而南，由坳中东行一里，转出天柱东，遂南下。五里，过狮子山与大路合，由岐路西入福严寺。

十六日　到观音崖，再次登上祝融会仙桥，从不语崖往西朝下走。走了八里路，遇到了岔路口。路分南北两道。向北走了两里，来到了九龙坪，再往前走又回到了原来的路口。往南走了一里路，来到茅坪。往东南从半山腰走了四里路后渡过纷乱的山涧水，来到大坪路岔口。往东南去是上南天门的路。我则从西南的小路一直往上走四里，来到老龙池，在岭坳上，僧人的净室大多在岭外。我又往西南走，到侧刀峰西面、雷祖峰东面。往东走了两里，登上侧刀峰。从侧刀峰顶上平着走了两里，走下山顶，经过的山脊非常狭窄。从赤帝峰北面走一里，绕龙池往南，从山坳中向东前行，走了一里路，便转出天柱峰东面，然后往南朝下走。走了五里，过了狮子山后终于与大路相会，于是从岔路往西进入福严寺。

69

崇祯十年（1637年）闰四月初七，徐霞客来到广西。五月初二，他第一次游七星岩，并写下了这篇日记。

七星岩在桂林东郊、漓江东岸，是一个相当巨大而复杂的溶洞体系。徐霞客在一天之内穿过了山体内部，又翻越了山的外部，进行了详细的考察，收获颇丰。

游七星岩日记

原文

初二日　晨餐后，与静闻、顾仆裹蔬粮，携卧具，东出浮桥门。渡浮桥，又东渡花桥，从桥东即北转循山。（花桥东涯有小石突临桥端，修溪缀村，东往殊逗人心目。）山峙花桥东北，其嵯峨之势，反不若东南夹道之峰，而七星岩即峙焉，其去浮桥共里余耳。岩西向，其下有寿佛寺，即从寺左登山。先有亭翼然迎客，名曰摘星，则曹能始所构而书之。其上有崖横骞，仅可置足，然俯瞰城堞西山，则甚畅也。其左即为佛庐，当岩之口，入其内不知其为岩也。询寺僧岩所何在，僧推后扉导余入。历级而上约三丈，洞口为庐掩黑暗；忽转而西北，豁然中开，上穹下平，中多列笋悬柱，爽朗通漏，此上洞也，是为七星岩。

初**二日** 吃过早餐，我与静闻、顾仆包了蔬菜、粮食，带上卧具，就往东走出浮桥门。走过浮桥，又往东过了花桥，从桥东立即转向北顺着山走。（花桥东岸有座小石峰凸起在桥头，悠长的溪流点缀着村庄，往东看去非常诱人。）山耸峙在花桥的东北，它那巍峨的气势，反而不如东南方夹道而立的山峰，然而七星岩就耸立在那里，距浮桥也就一里多路而已。岩洞向西，洞下有座寿佛寺，当即从寺左登山。先是看到一座亭子飞檐凌空，如张臂迎客，名叫摘星亭，这亭子是曹能始建造的，并题写了亭名。亭子的上方有石崖横向高举，仅能放脚，然而俯瞰城池西山，却十分畅快。亭子的左边就是佛寺，正处在岩洞的入口处，进入寺内不知寺中已是岩洞了。我问寺里的僧人七星岩在哪里，和尚便推开后门领我进去。我沿着石阶往上登了约三丈，看到一个洞口被房屋遮住，又黑又暗；忽然转向西北，洞中豁然开阔，顶上隆起，下面平坦，里面排列着很多石笋和悬垂的石柱，爽朗而又通风透亮，这是上洞，也就是七星岩。

从其右历级下，又入下洞，是为栖霞洞。其洞宏朗雄拓，门亦西北向，仰眺崇赫。洞顶横裂一隙，有石鲤鱼从隙悬跃下向，首尾鳞鬣，使琢石为之，不能酷肖乃尔。其旁盘结蟠盖，五色灿烂。西北层台高叠，缘级而上，是为老君台。由台北向，洞若两界，西行高台之上，东循深壑之中。由台上行，入一门，直北至黑暗处，上穹无际，下陷成潭，颃洞峭裂，忽变夷为险。时余先觅导者，燃松明于洞底以入洞，不由台上，故不及从，而不知其处之亦不可明也。乃下台，仍至洞底。导者携灯前趋，循台东壑中行，始见台壁攒裂绣错，备诸灵幻，更记身之自上来也。直北入一天门，石橒垂立，仅度单人。既入，则复穹然高远，其左有石栏横列，下陷深黑，杳不见底，是为獭子潭。导者言其渊深通海，未必然也。盖即老君台北向下坠处，至此则高深易位，丛辟交关，又成一境矣。

72

从 洞的右侧沿着石阶向下走，又进入了下洞，也就是栖霞洞。此洞宏大明朗，雄壮开阔，洞口也朝向西北方，仰面眺望壮观而气势宏伟。洞顶横着裂开了一条缝，裂缝中向下悬着一条石鲤鱼，头尾、鳞甲、鱼鳃都有，就算用石头来雕琢，也很难做到这么像。它旁边盘结着蟠龙状的伞盖，五色灿烂。在洞的西北有层层平台高叠，沿石阶走上去，便是老君台。由台上向北走去，洞好像被分成两半，西边行走在高台之上，东边则顺着深壑之中走去。由台往上走，会进入一个洞口，一直往北走到黑暗处，上方穹顶高耸，下边陷成深潭，弥漫无际，洞壁陡峭深裂，忽然变得险峻。当时我事先找了个向导，在洞底点燃松明以便进洞。向导没从台上走，所以我来不及跟随他，却不知道此处是不能用松明照亮的。于是我走下高台，又回到洞底。向导带着灯走在前面，沿着高台东面的深谷走，这才看到高台石壁上的裂缝有的紧凑，有的分裂，变幻多端，让人想不到自己是从它上面走下来的。一直往北走进一道天门，那里石柱垂立，仅能通过一个人。走进去，只见洞更穹隆高远，左边有一排石栏杆，下边陷入深黑之中，看不到底，这是獭子潭。向导说这里极深，连通着大海，我看未必。这大概就是老君台向北下坠的地方，到了这里，因为高深位置的变换，有的集聚，有的空旷，便又自成一景了。

73

游象鼻山日记

象鼻山原名漓山，位于桂林市桃花江与漓江汇流之处，因其看起来像一只站在江边伸鼻饮水的巨象，故得此名。

崇祯十年（1637年）五月初九，徐霞客来到了象鼻山。在遍游此山后，他写下这篇日记，将象鼻山描绘得灵妙活现，令人叹服。

原文

初九日　余少憩寓中。上午，南自大街一里过谯楼，市扇欲书《登秀诗》赠绀谷、灵室二僧，扇无佳者。乃从县后街西入宗室廉泉园。（廉泉丰仪修整，礼度谦厚，令童导游内园甚遍。）园在居右，后临大塘，远山近水，映带颇胜，果树峰石，杂植其中，而亭榭则雕镂缋饰，板而无纹也。停憩久之。东南一里，过五岳观。又一里，出文昌门，乃东南门也。南溪山正对其前，转若一指，直上南过石梁，梁下即阳江北分派。即东转而行，半里，过桂林会馆，又半里，抵石山南麓，则三教庵在焉。庵后为右军崖，即方信孺结轩处。方诗刻庵后石崖上，犹完好可拓。

初九日　我在住处稍事休息。上午，我往南沿着大街走了一里，过了谯楼，本想买扇子题写《登秀诗》送给绀谷、灵室两位僧人，但是没有见到满意的扇子。然后，我从临桂县衙的后街来到王族廉泉的花园。（廉泉仪表堂堂，待人谦逊有礼，他命书童领路带我游览了整个内园。）花园在我住处的右边，后面挨着大水塘，远处的山、近处的水相互衬托，非常美丽。果树和石峰被杂乱地安置在园中，而亭台楼榭也都经过雕刻装饰，木板平整而没有纹路。休息了一会儿，我向东南走了一里，经过五岳观。又走了一里，从文昌门（东南的城门）出去，南溪山正对着城门，转过好像有一指宽的地方，向南走过石桥，桥下就是阳江在北面分出的支流。我转向东走了半里，经过桂林会馆，又走了半里，终于抵达石山南麓，三教庵就在这里。庵后是右军崖，正是方信孺建造书斋的地方。方信孺有诗刻在庵后面的石崖上，保存得很好，还可以拓印。

75

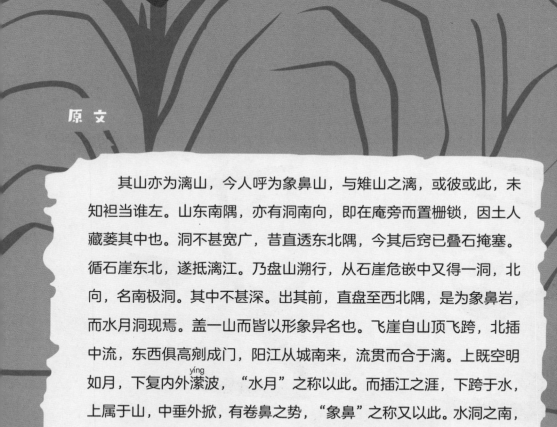

　　其山亦为漓山，今人呼为象鼻山，与雉山之漓，或彼或此，未知孰当谁左。山东南隅，亦有洞南向，即在庵旁而置栅锁，因土人藏篓其中也。洞不甚宽广，昔直透东北隅，今其后窍已叠石掩塞。循石崖东北，遂抵漓江。乃盘山溯行，从石崖危嵌中又得一洞，北向，名南极洞。其中不甚深。出其前，直盘至西北隅，是为象鼻岩，而水月洞现焉。盖一山而皆以形象异名也。飞崖自山顶飞跨，北插中流，东西俱高剜成门，阳江从城南来，流贯而合于漓。上既空明如月，下复内外漾波，"水月"之称以此。而插江之涯，下跨于水，上属于山，中垂外掀，有卷鼻之势，"象鼻"之称又以此。水洞之南，崖半又辟陆洞。其崖亦自山顶东跨江畔，中剜圆窍，长若行廊，直透水洞之上，北踞窍口，下瞰水洞，东西交穿互映之景，真为胜绝。

这座山便是漓山，现在人们称它为象鼻山，和雉山的漓山遥相呼应，一座在彼一座在此，不知该偏向哪一方。山的东南隅有个洞向南，就在庵旁，洞口被栅栏锁住了，因为当地人在洞中放了荠蒿。洞内不大，从前是通向东北隅的，现在后洞已经被砌上石块堵住了。顺着山崖向东北方走，来到了漓江边。绕着山溯江而行，在插入江中的石崖上又有一个洞，洞口向北，名叫南极洞，并不深。走到洞前，绕到西北隅，就是象鼻岩，水月洞就出现在这里。以前这座山因形象而有过不同的名字。象鼻岩凌空向北插入漓江江心，东西两面被削成石门，阳江从城南流来，穿过门又与漓江汇合。上边中空明亮如同月亮，下边有内外潆洄的水波，"水月"的名称由此而来。插入江中的石崖，下面跨在水中，上面与山相连，中部下垂，外侧凸起，有如卷起的象鼻，"象鼻"的名称由此而来。水洞南边，石崖半腰又开了一个陆洞。那石崖也从山顶向东跨到江畔，中间剜成圆洞，长长的好似走廊，直通到水月洞之上。向北坐在洞口，下瞰水月洞，东西两面相通互相掩映的景色真是美极了。

鸡足山位于云南省大理白族自治州宾川县境内，距大理古城仅86公里，是享誉南亚、东南亚的佛教圣地。

崇祯十一年（1638年）十二月二十二日，徐霞客首次来到鸡足山。他起早贪黑，不怕辛苦，游访了山上各座寺庙、庵堂，以及各处峰岭涧壑，洞石绝险。鸡足山是徐霞客一生考察时间最长、住山时间最久、题写诗词最多和唯一修过山志的名山。

游鸡足山日记

原文

从村后西循山麓，转而北入峡中，缘中条而上，一里，大坊跨路，为灵山一会坊，乃按君宋所建者。于是冈两旁皆涧水冷冷，乔松落落。北上盘冈二里，有岐，东北者随峡，西北者逾岭；逾岭者，西峡上二里有瀑布，随峡者，东峡上二里有龙潭；瀑之北即为大觉，潭之北即为悉檀。余先皆不知之，见东峡有龙潭坊，遂从之。盘磴数十折而上，觉深窅险峻，然不见所谓龙潭也。逾一板桥，见坞北有寺，询之，知其内为悉檀，前即龙潭，今为壑矣。时余期行李往大觉，遂西三里，过西竺、龙华而入宿于大觉。

从村后往西顺着山麓前行，然后向北进入峡谷，沿着中间的支脉向上走了一里，见到一座大牌坊横跨路中间，那就是灵山一会坊，是一位姓宋的按察使修建的。从这里开始冈两旁都是哗哗的涧水和挺拔的大松树。我继续往北绕着冈攀登二里，有岔路，往东北的路顺峡谷而行，往西北的路要翻过岭，翻过岭后，往西边峡谷上行二里有座瀑布，顺着峡谷走，东边峡谷上二里有个龙潭，瀑布的北面就是大觉寺，龙潭的北面就是悉檀寺。我事先完全不知道这些情况，看见东边峡谷有龙潭的牌坊，就顺着走。绕着数十级曲折的石阶上去，只觉幽深险峻，但看不见所谓的龙潭。过了一座木板桥，看见山坞北边有座寺庙，一询问，才知道里面是悉檀寺，寺前就是龙潭，如今已成沟壑。因我已约定让仆人把行李带到大觉寺，于是往西走三里，经过西竺寺、龙华寺，然后到大觉寺住宿。

原文

　　二十三日　饭于大觉，即东过悉檀。悉檀为鸡山最东丛林，后倚九重崖，前临黑龙潭，而前则回龙两层环之。先是省中诸君或称息潭，或称雪潭，至是而后知其皆非也。弘辨、安仁二师迎饭于方丈，即请移馆。余以大觉遍周以足疾期晤，于是欲少须之。乃还过大觉，西上一里，入寂光寺。住持者留点。此中诸大刹，惟此七佛殿左右两旁俱辟禅堂方丈，与大觉、悉檀并丽。又稍西半里，为水月、积行二庵，皆其师遍周所遗也，亦颇幽整。

译文

十三日　我在大觉寺吃过饭后，就往东去悉檀寺。悉檀寺是鸡足山最东边的寺庙，背靠九重崖，前临黑龙潭，前面还有两层曲折的山梁环绕。先前，省城里的友人们有的称其为"息潭"，有的称其为"雪潭"，到这里我才知道他们其实都说错了。弘辨、安仁两位法师迎接我到方丈的住处去吃饭，并请我立即搬过来。不过，因为大觉寺的遍周法师有足疾而约我会面，所以我希望稍微等待一下。返回大觉寺，往西走上一里，进入了寂光寺。住持留我吃点心。此处的各大寺庙，只有这座七佛殿左右两边安置有禅堂和方丈室，和大觉寺、悉檀寺一样华美。我又稍稍往西走了半里，来到了水月、积行二庵，这都是他们的师父遍周留下来的，也颇为幽静整齐。

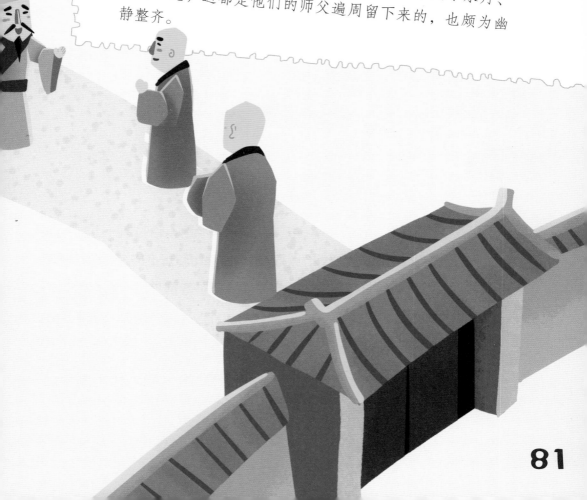

游大理日记

崇祯十二年（1639年）三月，徐霞客在大理停留了几天，本篇选取了其中一天的日记。

大理东临洱海，西靠苍山，自然环境优美。作为古都，其历史悠久，是云南最早的文化发祥地之一，文化底蕴深厚。在大理众多的寺庙中，三塔寺是最古老的，徐霞客遍游古寺，并做了详细记载，令读者有身临其境之感。

原文

十四日　观石于寺南石工家。何君与余各以百钱市一小方。何君所取者，有峰峦点缀之妙；余取其黑白明辨而已。因与何君遍游寺殿。是寺在第十峰之下，唐开元中建，名崇圣。寺前三塔鼎立，而中塔最高，形方，累十二层，故今名为三塔。塔四旁皆高松参天。其西由山门而入，有钟楼与三塔对，势极雄壮；而四壁已颓，檐瓦半脱，已岌岌矣。楼中有钟极大，径可丈余，而厚及尺，为蒙氏时铸，其声闻可八十里。

译文

十四日　我在寺南的石匠家观赏大理石。何君和我都各自用一百文钱买了一小方大理石。何君选中的那块上面有峰峦点缀，非常美妙；我选中的这块黑白分明，容易分辨。接着，我们遍游了寺中的殿宇。这座寺院位于第十座山峰之下，是唐朝开元年间所建，名叫崇圣寺。寺前有三塔鼎立，中间的塔最高，方形，重叠了十二层，所以今天称为三塔。塔的四旁全是高耸入云的大松树。从寺西边的山门进去，有钟楼与三塔相对，气势极其雄伟；但四面的墙壁已经倒塌，屋檐上的瓦片也脱落了一半，已经岌岌可危了。楼里有一口极大的铜钟，直径大约有一丈多，壁厚达一尺，是南诏时期所铸，钟声可传到八十里之外。

　　楼后为正殿，殿后罗列诸碑，而中谿所勒黄华老人书四碑俱在焉。其后为雨珠观音殿，乃立像铸铜而成者，高三丈。铸时分三节为范，肩以下先铸就而铜已完，忽天雨铜如珠，众共掬而熔之，恰成其首，故有此名。其左右回廊诸像亦甚整，而廊倾不能蔽焉。自后历级上，为净土庵，即方丈也。前殿三楹，佛座后有巨石二方，嵌中楹间，各方七尺，厚寸许。北一方为远山阔水之势，其波流潆折，极变化之妙，有半舟庋尾烟汀间。南一方为高峰叠嶂之观，其氤氲浅深，各臻神化。此二石与清真寺碑跗枯梅，为苍石之最古者。

钟楼后面是正殿，殿后有许多石碑，李中谿所刻的黄华老人书写的四块碑都在其中。碑后是雨珠观音殿，有用铜铸成的三丈高的立像。铸造时分三段制模，肩部以下铸成时就用完了铜，忽然天上落下如珠子一样的铜雨，众人把铜珠捧来熔化后，恰好铸成了铜像的头部，所以有了这个名字。殿左右回廊中的众神像摆放得很整齐，但回廊已经倾斜得不能遮蔽风雨了。从后边沿石阶上去，是净土庵，就是方丈的住处。前殿有三个开间，佛座后边两块巨石，嵌在中间两根柱子之间的墙上，各有七尺见方，厚一寸左右。靠北的那块石头上刻着远山和广阔的水面，其中流水波涛迂回曲折，极富变化之妙，仿佛有小船停靠在烟霭绿洲之间。南边的那块石头上雕刻着高峰重峦叠嶂的景观，它那弥漫的云烟深浅不一，出神入化。这两块巨石与清真寺中枯梅纹的碑座，是大理石中最古老的作品。